RED. :

13

MIRE ISO N° 1

NF Z 43-007

AFNOR

Cedex 7 - 92080 PARIS-LA-DÉFENSE

379.89.70

graphicom

AF727905

LÉON TOLSTOÏ

Religion et Morale

Traduit du russe par CHARLES SALOMON.

PARIS

1898

LÉON TOLSTOÏ

Religion et Morale

Traduit du russe par CHARLES SALOMON.

PARIS

1898

Religion et Morale (1)

Vous me demandez ce que j'entends par le terme *religion* et vous voudriez savoir si je considère comme possible une morale indépendante de la religion telle que je la comprends. J'essaierai de répondre, de mon mieux, dans la mesure de mes forces, à ces questions, qui sont de la plus haute importance et que vous avez parfaitement posées.

On prend, en général, le terme de religion dans trois acceptions différentes.

1° La religion, c'est, en premier lieu, la véritable révélation donnée de Dieu aux hommes et un mode d'adoration de la divinité qui a sa source dans cette révélation. Telle est l'acception dans laquelle est pris le terme religion par les croyants à l'une quelconque des religions existantes : par cela même qu'ils y croient, ils la considèrent comme la seule véritable.

(1) Cette étude a paru dans l'*Humanité Nouvelle*, t. I, mars 1898, p. 257, vol. 2 et t. II, p. 257, septembre 1898, vol. 3.

2° La religion, c'est, en second lieu, un ensemble de notions superstitieuses et un mode d'adoration superstitieuse qui en découle. Telle est l'acception dans laquelle est pris le terme religion par ceux qui ne croient à aucune religion ou qui ne croient pas à celle dont ils donnent la définition.

3° C'est, enfin, un ensemble de règles et de lois inventées par la classe intelligente, règles et lois indispensables pour le peuple, pris dans sa masse inculte, soit comme calmant à lui apporter, soit comme frein à mettre à ses passions, soit comme moyen de le gouverner. Telle est l'acception dans laquelle est pris le mot religion par ceux qui la considèrent avec indifférence, mais qui voient en elle un instrument utile aux mains de l'Etat.

La religion, au premier sens, c'est la vérité évidente, irréfutable, vérité qu'il est désirable, qu'il est indispensable de répandre par tous les moyens possibles parmi les hommes, pour leur propre bien.

Prise dans le second sens, la religion est un ensemble de superstitions dont il est désirable, dont il est indispensable même, pour le bien de l'humanité, de délivrer les hommes par tous les moyens possibles.

D'après la troisième définition, la religion est un certain arrangement conventionnel fort utile à tous, quoique pourtant les gens cultivés n'en aient que faire, mais qui est indispensable pour calmer et gouverner un peuple sans culture et que, par conséquent, il est indispensable de maintenir.

La première définition est analogue à celle que donnerait de la musique quelqu'un qui en dirait que c'est un certain air qu'il préfère aux autres, air qu'il est désirable d'enseigner au plus grand nombre de gens possible.

La seconde définition est analogue à celle que donnerait de la musique un homme qui ne la comprend pas et, par conséquent, ne l'aime pas, et qui dirait : la musique consiste en l'émission de sons au moyen de la gorge et de la bouche ou encore par l'action des mains sur des instruments appropriés ; et qui ajouterait qu'il faut dans le plus bref délai possible faire perdre aux hommes l'habitude de s'occuper d'une façon aussi inutile, aussi nuisible même.

La troisième définition ressemble à celle que donnerait de la musique quelqu'un qui en dirait : la musique est chose utile pour apprendre à danser, à marcher au pas, et, dans ce but, il en faut encourager l'étude.

Voici d'où proviennent les différences et les insuffisances de ces définitions : c'est que chacune d'elles n'embrasse pas la notion de la musique dans son essence, mais en détermine les signes extérieurs tels qu'ils apparaissent à celui qui la définit. C'est exactement ce qui se produit pour les trois définitions de la religion données plus haut.

D'après la première, la religion est ce qui est l'objet de la croyance rationnelle de celui qui donne cette définition.

D'après la seconde, la religion, au point de vue de celui qui la définit, est ce qui est l'objet de la croyance irrationnelle des autres.

D'après la troisième, la religion est ce à quoi il est utile de faire croire les autres.

Dans chacune de ces trois définitions, l'objet défini n'est pas ce qui constitue l'essence même de la religion, mais bien la foi même des gens en ce qu'ils considèrent comme la religion. C'est, dans la première définition, la foi de celui-là même qui définit la religion; dans la seconde, la foi d'autres personnes en ce que celles-ci considèrent comme la religion ; et, dans la troisième, la foi qu'ont les gens en ce que d'autres leur présentent comme étant la religion.

Mais qu'est-ce donc que cette foi? Et pourquoi les hommes croient-ils à ce qu'ils croient? Qu'est-ce que la foi? et d'où provient-elle?

Pour la majorité des gens cultivés, qui considèrent la question comme tranchée, la religion c'est essentiellement la personnification, la déification et l'adoration des forces naturelles, dont le point de départ est un sentiment de frayeur superstitieuse en face des phénomènes incompréhensibles de la nature.

Cette opinion, on l'accepte sans examen critique, sur l'affirmation de la grande masse des gens instruits de notre époque; non seulement elle ne rencontre pas d'opposition de la part des savants, mais, au contraire, c'est chez eux qu'on la trouve le plus nettement formulée. Si, de temps à autre, s'élèvent les voix de gens qui attribuent à la religion une autre origine et un autre sens, celle d'un Max Muller ou d'autres encore, on ne les entend pas, on ne les remarque pas, au milieu du sentiment unanime qui s'accorde à voir dans la religion, en général, un phénomène produit par la superstition et l'ignorance. Il n'y a pas bien longtemps, au commencement de ce siècle, lorsque les gens d'avant-garde reniaient le catholicisme, le protestantisme et l'orthodoxie (comme le firent les Encyclopédistes d'il y a cent ans), aucun d'entre eux ne niait que la religion fût une condition indispensable de la vie de tout homme. Sans parler même des déistes comme Bernardin de Saint-Pierre, Diderot et Rousseau, Voltaire éleva un monument à Dieu, Robespierre organisa la fête de l'Etre-Suprême. Mais à notre époque (et cela grâce à la doctrine légère, superficielle d'Auguste Comte qui, comme la grande majorité des Français, croyait que christianisme et catholicisme, c'est tout un, et qui par suite voyait dans le catholicisme la réalisation complète du christianisme), c'est un point tranché, une chose reconnue par la masse instruite, toujours prête à accepter volontiers et à l'instant les notions les plus basses, que la religion n'est qu'une certaine phase du développement de l'humanité, phase déjà dépassée depuis longtemps, cause de retard pour son progrès. L'humanité, on l'admet, a traversé déjà deux périodes : la période religieuse et la période métaphysique ; elle est à présent entrée dans une troisième période de haute culture scientifique, et on ajoute que tous les phénomènes religieux chez les hommes ne sont que les débris persistants d'un organe spirituel de l'humanité, organe autrefois nécessaire, mais qui, depuis longtemps, n'a plus ni sens, ni rôle, comme qui dirait, pour le pied du cheval, l'ongle du cinquième doigt. On admet que la religion consiste essentiellement en l'acceptation, provoquée par l'effroi ressenti en face des forces incompréhensibles de la nature, de l'existence d'êtres imaginaires. Telle était, dans l'antiquité déjà, la pensée de Démocrite et telle est la thèse soutenue par les plus récents philosophes et historiens de la religion.

Mais, tout d'abord, et sans vouloir y insister, la croyance à l'existence d'un seul être ou de plusieurs êtres invisibles, surnaturels, ne provenait pas toujours autrefois et ne provient pas toujours aujourd'hui de la frayeur qu'inspirent les forces inconnues de la nature. On peut en donner pour preuve ces centaines de gens, par leur culture d'entre les plus éminents et les plus avancés, hommes d'aujourd'hui ou hommes d'autrefois, les Socrate, les Descartes, les Newton par exemple, dont la croyance à l'existence d'un ou de plusieurs êtres supérieurs et surnaturels n'a jamais eu pour cause la frayeur superstitieuse inspirée par les forces inconnues de la nature. Et, en fait, l'assertion : *la religion a pour origine la frayeur superstitieuse ressentie par les hommes en face des forces inconnues de la nature*, ne répond en rien à la question principale : d'où est venue aux hommes la notion d'êtres invisibles, d'êtres surnaturels?

Si c'était seulement que les hommes ont eu peur du tonnerre et des éclairs, eh bien ! ils en auraient eu peur et voilà tout; mais pourquoi donc ont-ils inventé un être invisible et surnaturel, ce Jupiter qui se trouve quelque part et qui lance parfois ses flèches sur les hommes?

Si les hommes avaient simplement été frappés par la vue de la mort, ils auraient craint la mort sans plus. Mais pourquoi donc ont-ils inventé les âmes des morts et se sont-ils mis à entretenir avec elles un commerce imaginaire?

Que les hommes se cachent pour échapper au tonnerre, qu'ils fuient la mort par horreur d'elle, cela se peut faire; mais ils ont inventé un être éternel et puissant dont ils se considèrent comme dépendants; ils ont imaginé les âmes vivantes des morts, et cela non pas uniquement sous l'empire de la frayeur, mais par quelques autres motifs. Il est évident que dans ces motifs se trouve contenue l'essence même de ce qu'on appelle religion.

En outre, chaque homme, pour peu qu'il ait éprouvé, ne fût-ce que dans son enfance, le sentiment religieux, sait par son expérience personnelle que ce sentiment a toujours été provoqué chez lui non pas par des phénomènes matériels, effrayants et d'ordre externe, mais par des phénomènes d'ordre interne qui n'avaient rien de commun avec l'effroi ressenti en face des forces incompréhensibles de la nature : par la conscience de son néant, de sa solitude, de son état de péché.

Et, par conséquent, l'homme peut apprendre, soit en observant autour de lui, soit par son expérience personnelle, que la religion ne consiste pas en une attitude de soumission vis-à-vis des divinités — attitude naturelle aux hommes seulement à un certain moment de leur développement — qui serait provoquée par la frayeur superstitieuse ressentie en face des forces inconnues de la nature. Il peut apprendre que la religion est quelque chose de complètement indépendant de toute frayeur et du degré de culture de l'homme, quelque chose que ne peut anéantir aucun développement de la civilisation, et cela parce que le fait que l'homme se sent être une créature limitée au centre d'un univers infini, qu'il a conscience de son état de péché, — c'est-à-dire du non-accomplissement de tout ce qu'il aurait pu et dû faire — s'est toujours produit et se reproduira toujours tant que l'homme sera homme.

En effet, tout homme, dès l'instant où il sort de l'état animal qui est le sien pendant l'enfance et la première jeunesse (époque pendant laquelle il n'est guidé que par les exigences de sa nature animale), tout homme qui a pris conscience de sa raison, ne peut pas ne pas remarquer ceci : alors qu'autour de lui tout vit, dans un renouvellement qui n'implique pas la mort, dans la soumission forcée à une loi éternelle, unique et précise, lui seul, lui qui se sent un être à part au milieu du reste de l'univers, est condamné à mourir, à disparaître dans l'infini de l'espace et dans l'infini du temps, à sentir la torture de la responsabilité de ses actes; c'est-à-dire que, seul, il est condamné à avoir conscience, après avoir mal agi, qu'il aurait pu mieux agir.

Et une fois cela compris, tout homme intelligent ne peut pas ne pas réfléchir et se demander : quelle est la raison d'être de cette créature passagère, indéterminée, hésitante, au milieu de cet univers éternel, infini, constituant un tout bien déterminé?

Lorsqu'il entre dans la vie, dans la vraie vie humaine, l'homme ne peut éluder cette question. Elle est toujours là, présente à chacun, et, d'une façon ou de l'autre, chaque homme y donne toujours une réponse : la réponse à cette question, c'est justement ce qui constitue l'essence de toute religion.

L'essence de toute religion consiste seulement en une réponse à la question : pourquoi est-ce que je vis et dans quel rapport suis-je avec l'univers infini qui m'entoure?

Toute la métaphysique religieuse, toutes les théogonies, tous les systèmes sur l'origine du monde, tout l'appareil extérieur du culte, choses qu'on prend ordinairement pour la religion, tout cela n'a d'autre valeur que celle de signes qui accompagnent les religions et qui sont soumis aux conditions de lieu, de race, de moment historique.

Il n'est pas une seule religion, depuis la plus élevée jusqu'à la plus grossière, qui n'ait à sa base cette idée fondamentale du rapport dans lequel se trouve l'homme avec l'univers qui l'entoure ou avec sa cause première. Il n'est pas un rite religieux, fût-il le plus grossier du monde, ni un culte, fût-il le plus raffiné, qui n'ait à sa base cette même idée fondamentale.

Toute doctrine religieuse est la formule donnée par le fondateur de cette religion au rapport où il se sent être personnellement comme homme, et par conséquent où il sent tous les autres hommes, avec l'univers ou avec son principe et sa cause première.

Les formules de ces rapports sont très variées à raison des conditions ethnographiques et géographiques dans lesquelles se trouvent le fondateur de la religion et le peuple qui l'a faite sienne. De plus, ces formules sont toujours commentées de différentes façons et déformées par les disciples du Maître qui, lui, en général, devance la compréhension des masses de centaines et quelquefois de milliers d'années.

C'est pourquoi bien qu'en apparence il y ait un très grand nombre de rapports différents de l'homme avec l'univers (c'est-à-dire de religions), en réalité l'homme ne peut se trouver avec l'univers et son principe que dans l'un des trois rapports suivants : 1° le rapport originaire, personnel; 2° le rapport païen, social ou familial et civil ; 3° le rapport chrétien ou divin.

A le prendre strictement, il n'est même que deux conceptions types des rapports fondamentaux de l'homme avec l'univers : la conception personnelle, qui trouve le sens de la vie dans le bien de la personne, prise séparément ou conjointement avec d'autres personnalités, — et la conception chrétienne, qui trouve le sens de la vie dans l'acte de servir Celui qui a envoyé l'homme dans le monde.

Quant à la seconde conception du rapport de l'homme et de l'univers, la conception sociale, ce n'est dans son essence qu'une extension de la première. Le premier de ces deux rapports, le plus ancien, où l'on trouve aujourd'hui les gens les moins cultivés seulement, consiste en ce que l'homme se considère comme une créature qui se sert de fin à elle-même, qui vit dans le monde pour y acquérir la plus grande somme possible de bien personnel, indépendamment de la question du dommage causé par cette recherche au bien d'autres créatures.

Ce rapport primitif de l'homme et de l'univers est celui dans lequel se trouve tout enfant à son entrée dans la vie, celui dans lequel a vécu l'humanité au premier degré de son développement et dans lequel vivent encore aujourd'hui beaucoup de peuples sauvages, beaucoup d'individus qui, moralement, comptent au nombre des plus grossiers. C'est de lui que découlent toutes les religions païennes de l'antiquité ainsi que certaines religions, plus tard venues, en la forme inférieure où les ont laissées les modifications qu'elles ont eues à subir : le Bouddhisme (1), le

(1) Bien que le Bouddhisme exige de ses adeptes le renoncement aux biens terrestres et à la vie même, on trouve à sa base ce même rapport, avec l'univers qui l'entoure, de la personne qui est sa propre fin et qui est destinée au bonheur. Il n'y a qu'une différence : le paganisme pur admet que l'homme a droit à la jouissance, tandis que le bouddhisme admet le droit à l'absence de souffrances. Le paganisme considère que le monde doit

Taoïsme, le Mahométisme et le Christianisme transformés. C'est aussi de cette conception du rapport de l'homme et de l'univers qu'est issu le spiritisme moderne qui repose sur la persistance de la personnalité et d'un bonheur personnel. Tous les cultes païens avec leurs divinations, leurs déifications, — soit d'être capables de jouissances tout comme l'homme, soit de saints qui intercèdent pour lui, — avec leurs sacrifices et leurs prières pour obtenir les biens de la terre et l'éloignement de la misère, découlent de ce rapport de l'homme et de la vie.

La seconde conception du rapport de l'homme et de l'univers, la conception païenne et sociale, est celle à laquelle l'homme se range lorsqu'il arrive à la phase suivante de son développement, celle qu'adoptent préférablement les adultes. Elle consiste en ceci : on ne considère plus que ce qui donne à la vie sa signification réside dans la recherche que l'homme fait de ce qui lui est bon personnellement, mais bien de ce qui est bon pour un certain groupe de personnes : la famille, la tribu, le peuple, l'Etat et même l'humanité (essai d'une religion positiviste).

Dans cette conception du rapport de l'homme et de

servir au bien de la personne; le bouddhisme qu'il doit disparaître comme étant la source de la souffrance de la personne. Le bouddhisme n'est qu'un paganisme négatif.

l'univers, la vie trouve son sens non plus dans la personne isolée, mais dans une certaine association de personnes, famille, tribu, peuple ou Etat, dont le bien est alors considéré comme le but de l'existence. Telle est la source de toutes les religions patriarcales et sociales que rapproche ce caractère commun ; telle est la source, par exemple, de la religion chinoise, de la religion japonaise, de celle des Hébreux, « le Peuple Elu », de la religion d'Etat des Romains, de notre propre église d'Etat (descendue, en fait, à ce niveau dégradant, — grâce à la doctrine d'Augustin, — quoiqu'on la désigne encore d'un nom qui n'est pas le sien, du nom de chrétienne); et c'est aussi la source de la religion de l'humanité, rêvée par les positivistes.

C'est sur cette conception du rapport de l'homme et de l'univers que sont fondés aussi, en Chine et au Japon, tous les rites du culte des ancêtres ; à Rome, le culte rendu aux empereurs ; chez les juifs, les cérémonies d'un culte compliqué dont le but était l'observation du pacte liant le Peuple Elu à son Dieu ; ainsi que toutes les prières, prières privées ou prières publiques, dites par le clergé chrétien, pour la prospérité et les succès militaires de l'Etat.

La troisième conception de ce rapport, la conception chrétienne — celle à laquelle malgré lui tout homme âgé se sent appartenir et à laquelle, dans mon opinion, l'humanité arrive de nos jours — consiste en ce que l'homme ne considère plus que le sens de sa vie soit de parvenir à la réalisation de ses propres fins ou des fins auxquelles tend tel groupe de personnes, mais estime que ce sens est tout entier contenu dans l'obéissance à la volonté qui l'a créé, lui et le monde entier, non pas pour qu'il atteigne à ses fins propres, mais bien à celles de cette volonté créatrice.

C'est de cette conception du rapport de l'homme avec l'univers que provient la doctrine religieuse la plus élevée à nous connue : déjà en embryon chez les représentants les plus éminents des Pythagoriciens, des Esséniens, des Thérapeutes, des Egyptiens, des Perses, des Brahmes, des Bouddhistes et des Taoïstes, elle n'a trouvé cependant sa dernière et complète expression que dans le Christianisme pris dans son sens véritable, sans altération. Toutes les cérémonies des religions anciennes issues de cette conception de la vie, toutes les manifestations contemporaines de tant de communautés religieuses, unitariens, universalistes, quakers, Nazaréens en Serbie, lutteurs de l'esprit (*doukhobortsy*) en Russie, toutes les sectes soi-disant rationalistes, avec leurs sermons, leurs chants, leurs assemblées et leurs livres, sont des expressions religieuses de cette conception du rapport de l'homme et de l'univers.

Toutes les religions concevables se répartissent entre ces trois conceptions.

Tout homme, sorti de l'état animal, doit nécessairement reconnaître comme sienne l'une ou l'autre de ces trois conceptions et c'est l'adoption qu'il en fait qui, pour tout homme, constitue la véritable religion, quelle que soit la confession à laquelle, nominalement, il croit se rattacher.

Tout homme se représente nécessairement d'une façon ou de l'autre le rapport où il est avec l'univers, parce qu'une créature intelligente ne peut vivre dans l'univers, en être tout entourée, sans se trouver en un rapport quelconque avec lui. Or, comme jusqu'à aujourd'hui l'humanité n'a découvert que trois de ces rapports, et que nous n'en connaissons que trois, chaque homme s'en tient forcément à l'un d'entre eux et, qu'il le veuille ou non, appartient à l'une des trois religions fondamentales entre lesquelles se partage toute l'humanité.

Par suite, la persuasion commune à beaucoup de gens cultivés de notre monde chrétien, parvenus, pensent-ils, à un degré tel de développement qu'à leur avis ils n'ont plus besoin d'aucune religion et qu'en fait ils n'en ont pas, signifie seulement, en réalité, que, reniant la seule religion faite pour notre temps, la religion chrétienne, ils appartiennent sans s'en douter à une religion inférieure, que ce soit à la religion sociale-familiale-étatiste ou à la religion païenne primitive.

L'homme sans religion, c'est-à-dire sans aucun rapport, de quelque espèce qu'il soit, avec l'univers, est quelque chose d'aussi impossible à concevoir qu'un homme sans un cœur. Il peut ignorer qu'il a une religion, comme un homme peut ignorer qu'il a un cœur, mais, sans religion comme sans cœur, l'homme ne peut exister.

La religion, c'est ce rapport dans lequel l'homme se reconnaît être à l'égard de l'univers infini qui l'entoure (ou à l'égard de son principe et de sa cause première), et un homme doué de raison ne peut pas ne pas être avec cet univers en un rapport quelconque.

Vous direz, peut-être, que la tâche de fixer les rapports de l'homme et de l'univers relève non de la religion mais bien de la philosophie ou, — si l'on considère la philosophie comme une branche de la science, — de la science en général. Je ne suis pas de cet avis. Pour moi, au contraire, l'idée reçue que la science en général (en comprenant sous le terme *science* la philosophie) peut fixer ces rapports est complètement erronée. C'est là la cause principale, dans les couches cultivées de notre société, de la confusion des notions de religion, de science et de morale.

La science, en y comprenant la philosophie, ne peut pas fixer la base du rapport de l'homme avec l'univers infini et son principe, et cela déjà en vertu de la considération suivante : dès avant qu'aucune espèce de philosophie ou de science ait pu naître, ce sans quoi aucune activité de l'esprit n'est possible, un rapport quelconque de l'homme et de l'univers devait exister.

De même qu'un homme ne peut pas, par le fait seul de se mouvoir et quel que soit le mouvement qu'il fasse, trouver la direction dans laquelle il doit se mouvoir, quoique cependant tout mouvement soit nécessairement fait dans une direction ou dans une autre, de même il est impossible, par le moyen de spéculations philosophiques ou par le travail scientifique, de trouver la direction dans laquelle ce travail doit être effectué : or il faut absolument que tout travail intellectuel soit accompli dans une direction préalablement arrêtée. Et c'est la religion qui, toujours, a marqué au travail intellectuel cette direction. Toutes les philosophies que nous connaissons, de Platon à Schopenhauer, ont toujours suivi une direction première donnée par la religion. La philosophie de Platon et de ses successeurs était une philosophie païenne qui recherchait pour l'individu comme pour l'ensemble des individus groupés en Etat les moyens d'acquérir le maximum de bien. La philosophie chrétienne de l'église, au moyen âge, issue de cette même conception païenne de la vie, recherchait les moyens de salut de l'individu, c'est-à-dire l'acquisition du maximum de bien pour l'individu dans une vie future, et elle n'a touché à l'organisation du bien social que dans ses essais de théocratie. La philosophie moderne, celle de Hegel comme celle de Comte, a à sa base une conception de la vie à la fois religieuse, sociale et civile. La philosophie pessimiste de Schopenhauer et de Hartmann a voulu s'affranchir de la conception religieuse de l'univers qui nous vient des juifs : malgré elle, elle s'est pliée aux principes religieux du bouddhisme.

La philosophie a toujours été seulement, ce qu'elle sera toujours, la recherche de ce qui résulte du rapport de l'homme et de l'univers, tel que ce rapport a été fixé par la religion. En sorte que, tant que ce rapport n'a pas été fixé par elle, la recherche philosophique manque d'objet.

Le même raisonnement s'applique à la science positive, au sens strict du mot. Ainsi entendue, la science a toujours été et restera toujours seulement la recherche et l'étude de tous les objets et de tous les phénomènes qui, en vertu d'une certaine conception arrêtée par la religion du rapport existant entre l'homme et l'univers, paraissent être susceptibles d'examen.

La science n'a jamais été et elle ne sera jamais l'étude de *tout* comme les savants, à l'heure actuelle, ont la naïveté de le penser ; cela est même une impossibilité, puisque les choses susceptibles d'investigation sont en quantité infinie. Elle est seulement l'étude, dans la masse innombrable des objets et des phénomènes susceptibles d'investigation, de quelques-uns d'entre eux et de leurs conditions, de ceux que la religion fait sortir de cette masse par degré d'importance, en un ordre régulier. Et, par conséquent, la science n'est pas une et il y en a autant que de religions. Chaque religion fait choix d'un certain ensemble d'objets susceptibles d'étude ; voilà ce qui fait que la science d'une époque ou d'un peuple déterminé porte toujours le caractère de la religion au point de vue de laquelle elle se place pour faire son examen.

Ainsi, la science païenne, qui fut remise en honneur à la Renaissance et qui fleurit encore de nos jours au milieu de nous sous le nom de science chrétienne, a toujours été seulement, ce qu'elle continue d'être, la recherche et l'étude soit des conditions dans lesquelles l'homme trouve le maximum de bien, soit des phénomènes naturels qui peuvent le lui obtenir. La philosophie brahmanique et bouddhique n'a jamais été que la recherche des conditions dans lesquelles l'homme peut être délivré des souffrances qui l'accablent ; la science juive talmudique n'a jamais été que l'étude et l'explication des clauses que l'homme devait respecter pour exécuter le pacte conclu avec Dieu et maintenir le Peuple Elu à la hauteur de sa vocation. La science ecclésiastique chrétienne était et est encore la recherche des conditions dans lesquelles l'homme trouve le salut. La vraie science chrétienne, qui ne fait que de naître, est la recherche des conditions dans lesquelles l'homme peut connaître les exigences de cette volonté suprême, dont il est l'envoyé, et y conformer sa vie.

Ni la philosophie, ni la science, ne peuvent poser la base des rapports de l'homme et de l'univers, parce que cette base a été posée avant qu'aucune espèce de science ou de philosophie ait pu naître et aussi parce que la science — philosophie comprise — étudie les phénomènes en raison pure, sans avoir égard à la position personnelle de l'investigateur et aux sentiments qu'il éprouve. Or, ce n'est pas la raison seule qui détermine dans quel rapport l'homme se trouve avec l'univers, mais bien aussi le sentiment, la réunion de toutes les forces spirituelles de l'homme.

On aura beau expliquer à l'homme dans le détail et chercher à lui donner la persuasion qu'il n'existe en réalité que des idées, ou que tout est constitué d'atomes, ou que l'essence de la vie est substance et volonté, ou encore que chaleur, lumière, mouvement, électricité sont des manifestations diverses d'une seule et même énergie, — tout cela ne donnera pas une idée claire à la créature susceptible de sentir, de souffrir, de se réjouir, de craindre et d'espérer qu'est l'homme, de sa place dans l'univers. Cette place, et par suite son rapport avec l'univers, il n'y a que la religion qui les lui fixe, en lui disant, soit : le monde existe pour toi, donc, prends de la vie tout ce que tu peux en prendre ; — soit encore : tu es membre du peuple aimé de Dieu ; sers ce peuple, accomplis toutes les prescriptions divines et tu auras en partage, avec le Peuple Elu, le maximum de bien auquel tu peux parvenir ; — soit enfin : tu es l'instrument d'une volonté supérieure, qui t'a envoyé dans le monde pour exécuter l'œuvre qui t'est assignée ; apprends à connaître cette volonté, à t'y conformer, et tu feras ainsi ce que tu peux faire de mieux dans ton propre intérêt.

Pour comprendre les données de la philosophie et de la science, il faut une préparation et une étude dont il n'est pas besoin pour avoir l'entendement des choses religieuses qui sont accessibles à tout homme, fût-il le plus borné et le moins cultivé du monde.

Les connaissances philosophiques et scientifiques ne sont pas nécessaires à l'homme pour qu'il reconnaisse le rapport où il est avec l'univers qui l'entoure ou avec le principe même de cet univers. Un esprit surchargé de connaissances s'en trouve comme encombré; il y a là plutôt un obstacle. Ce qui importe seulement, c'est le renoncement, même momentané, aux vanités du monde, la conscience du néant de l'homme au point de vue matériel, et le sentiment de la justice, toutes choses, comme le disent les Evangiles, qui se rencontrent plus fréquemment chez les enfants, chez les simples et les gens les moins cultivés que chez les autres. C'est là la raison pour laquelle nous voyons souvent les gens les plus simples, les moins savants, les moins cultivés, accepter facilement, en sachant ce qu'ils font et en toute lucidité d'esprit, la conception de la vie la plus haute, la conception chrétienne, alors que les plus savants et les plus cultivés continuent à croupir dans le paganisme le plus grossier. C'est ainsi que nous voyons, d'une part, ceux qui ont atteint le développement intellectuel le plus raffiné, placer le sens de la vie dans la jouissance personnelle ou dans le fait d'éviter la souffrance — comme Schopenhauer, cette intelligence, cet esprit cultivé entre tous ; ou bien, comme le font les évêques les plus éclairés, dans le salut de l'âme par le moyen des sacrements et de la grâce ; alors que, d'autre part, le sectaire russe, ce paysan qui ne sait qu'à moitié lire et écrire, sans qu'il ait pour cela à faire un effort quelconque de pensée, se rencontre avec les plus grands sages du monde, avec un Epictète, un

Marc-Aurèle ou un Sénèque, pour trouver le sens de la vie dans la conscience qu'il possède d'être un instrument de la volonté de Dieu, d'être fils de Dieu.

Mais enfin, me demanderez-vous, en quoi consiste l'essence de cette méthode, qui n'est ni scientifique ni philosophique, pour arriver à la connaissance ? Si cette connaissance n'est ni philosophique, ni scientifique, qu'est-elle donc ? Comment la définir ? Je ne puis faire à de pareilles questions d'autre réponse que celle-ci : étant donné que la connaissance religieuse sert de base à toutes les autres connaissances, auxquelles elle est antérieure, il s'ensuit que nous ne pouvons en donner la définition n'ayant pas pour cela les instruments qui servent à définir. Cette connaissance, c'est ce qu'on appelle dans la langue théologique la *Révélation*. Et ce terme, dépouillé de sa valeur mystique, est juste, car ce ne sont point les études et les efforts de tel ou tel homme ou de plusieurs hommes qui font acquérir cette connaissance ; bien au contraire, dans l'acquisition qu'ils en font, le rôle des hommes consiste seulement à recevoir la manifestation de l'intelligence infinie qui, petit à petit, se dévoile à leurs yeux.

Pourquoi les hommes, il y a dix mille ans, n'étaient-ils pas en mesure de comprendre que leur vie, consacrée seulement à la recherche du bien individuel, n'avait pas toute sa signification ? Et pourquoi vint-il ensuite une époque où fut révélée aux hommes une conception plus haute, d'après laquelle l'homme vit pour la famille, pour la société, pour le pays, pour l'Etat ?

Pourquoi est-ce aux temps historiques que la conception chrétienne de la vie a été révélée aux hommes. Et pourquoi cette révélation a-t-elle été faite précisément à cet homme-là ou à ces hommes-là, à ce moment-là, dans ce pays-là et non dans un autre, dans telle forme et non dans une autre? Essayer de répondre, et pour le faire invoquer les conditions historiques de l'époque, alléguer la vie, le caractère et les qualités particulières des gens qui les premiers se sont approprié cette conception de la vie et lui ont donné son expression, c'est essayer de répondre à celui qui demanderait pourquoi le soleil, à son lever, a éclairé tels ou tels objets plutôt que tels autres. Le soleil de la vérité, s'élevant de plus en plus haut au-dessus du monde, l'éclaire de plus en plus ; il se reflète dans tout ce qui est particulièrement propre à refléter ses rayons et dans tout ce qui se trouve tomber en premier lieu sous leur action lumineuse.

Les qualités qui rendent certaines personnes plus aptes que d'autres à refléter la vérité qui se lève ne sont pas des qualités actives de l'esprit, mais au contraire des qualités qui vont rarement avec un grand esprit, avec un esprit chercheur ; ce sont les qualités passives du cœur : renoncement aux vanités du monde, conscience de son propre néant au point de vue matériel, sentiment de la justice. Nous voyons que, parmi les fondateurs de religions, aucun ne s'est distingué par ses connaissances philosophiques ou scientifiques.

Les savants d'aujourd'hui, qui occupent actuelle- la chaire de Moïse (1), adoptent pour règle de conduite la conception païenne remise en honneur à la Renaissance ; ils prennent pour l'essence du christianisme ce qui en est la plus grossière déformation. Ils ont décidé que ce qu'ils prennent pour l'essence du christianisme est un état de choses déjà dépassé par l'humanité et que, à l'inverse, la conception de vie propre à l'antiquité — cette conception païenne, sociale et civile adoptée par eux, mais, en fait, dépassée par l'humanité — est la conception la plus élevée de la vie, celle à laquelle l'humanité doit imperturbablement se tenir. En agissant ainsi, ils ne comprennent pas le vrai christianisme qui constitue cette conception supérieure de la vie vers laquelle marche l'humanité entière : ils ne cherchent même pas à la comprendre. Telle est, à mon avis, l'erreur capitale, celle qui, plus

(1) Mathieu, XXIII. 2. « Et Jésus leur dit : les scribes et les pharisiens sont assis sur la chaire de Moïse ».

(*Note du Traducteur*).

que toute autre arrête l'humanité chrétienne sur la voie du vrai progrès.

Ce malentendu découle principalement du fait que les gens de science, s'apercevant que leur science ne cadre pas avec le christianisme, s'en prennent au christianisme et non à leur science. Au lieu de voir les choses telles qu'elles sont réellement, de voir que leur science est de dix-huit cents ans en arrière sur ce christianisme qui réunit dans son sein une grande partie de la société actuelle, ce serait d'après eux le christianisme qui, soi-disant, serait en arrière de dix-huit cents ans sur la science.

Ce renversement des rôles est la cause d'un fai tout à fait extraordinaire : il n'y a pas de gens qu sur les questions touchant à l'essence même de la vraie connaissance de la religion, à la moralité, à la vie, aient des notions plus embrouillées que les hommes de science. Et il est un fait encore plus extraordinaire et qui procède de la même cause : la science contemporaine qui a fait faire positivement de si grands progrès dans le domaine qui lui est propre (l'étude de tout ce qui concerne le monde matériel), ne nous apparaît nulle part, en ce qui concerne la vie même de l'homme, comme indispensable ou même nous apparaît comme ne produisant que des conséquences nuisibles.

Et voilà pourquoi je pense que ce n'est point à la

philosophie ou à la science, mais bien à la religion seule, qu'il appartient de poser la base du rapport de l'homme et de l'univers.

Ainsi donc ma réponse à votre première question : « *Qu'entendez-vous par le terme religion* » sera : la religion est un certain rapport établi par l'homme avec l'univers éternel et infini ou avec son principe et sa cause première.

Cette première réponse implique la réponse à faire à la seconde de vos deux questions : si la religion est le rapport établi entre l'homme et l'univers, et qui détermine le sens de sa vie, la morale est ce qui montre et éclaire l'activité de l'homme, et qui découle naturellement de tel ou tel rapport respectif de l'homme et de l'univers. Or, de même que nous connaissons seulement deux ou trois conceptions fondamentales du rapport dans lequel l'homme se trouve avec l'univers ou avec son principe, — deux, si nous considérons le rapport païen et social comme une extension du rapport personnel ; et trois, si nous le considérons comme distinct — de même, il ne saurait y avoir que deux ou trois morales : la morale primitive, sauvage, personnelle ; la morale païenne, familiale, sociale ou étatiste ; et, en troisième lieu, la morale chrétienne ou divine qui enseigne la dépendance de l'homme dans ses rapports avec l'univers ou avec Dieu et ce qui est de Dieu.

De la première conception découlent les morales communes à toutes les religions païennes, lesquelles ont pour but l'effort vers le bien de l'individu, et qui, par conséquent, déterminent toutes les conditions propres à procurer le maximum de bien possible et indiquent les moyens de l'acquérir. De cette conception découlent la morale d'Epicure sous son expression la plus basse ; la morale mahométane qui promet le bien-être à l'individu dans ce monde et dans l'autre ; la morale chrétienne enseignée par l'Eglise, dont la fin poursuivie est le salut, c'est-à-dire le bien individuel, avant tout dans l'autre monde ; et la morale mondaine utilitaire qui poursuit le bien de l'individu, mais seulement dans ce monde-ci. C'est de cette conception qui assigne pour but à la vie de chacun d'arriver au bien et d'être libéré de la souffrance que découlent la morale bouddhiste sous sa forme rudimentaire et la doctrine des pessimistes.

De la seconde conception, la païenne, qui assigne pour but à la vie le bien d'un certain groupe d'individus, découlent les morales qui exigent de l'homme obéissance au groupe et qui font de la prospérité de ce groupe le but de la vie. D'après cette morale, la jouissance individuelle n'est admise que dans la mesure où elle est aussi le partage de toute l'association qui forme la base religieuse de la vie. C'est de cette conception que découlent soit les morales bien connues de l'antiquité gréco-romaine en vertu desquelles l'individu se sacrifiait toujours à la société; soit la morale chinoise; soit la morale juive qui enseigne que le bien du Peuple Elu prime le bien individuel; soit enfin la morale officielle de l'Etat, appuyée par l'Eglise, qui exige le sacrifice de l'individu au bien de l'Etat. C'est d'elle que découle encore la morale de la majorité des femmes qui sacrifient leur personne pour le bien de leur famille, surtout de leurs enfants.

L'histoire ancienne tout entière, en partie aussi celle du moyen-âge et celle des temps modernes est pleine de hauts faits accomplis au nom de cette morale à la fois familiale et sociale, de cette morale d'Etat. Et à l'heure actuelle, la majorité de ceux qui croient pratiquer la morale chrétienne, parce qu'ils professent le christianisme, se conforment en fait à cette morale païenne qu'on présente comme un idéal à la jeune génération.

De la troisième conception, — la conception chrétienne, qui consiste en ce que l'homme reconnaît être un instrument au service d'une volonté suprême dont il doit réaliser les plans — découlent les morales qui, correspondant à cette conception de la vie, expliquent la dépendance où est l'homme vis-à-vis de cette volonté suprême et en déterminent les exigences. C'est la source des morales les plus élevées que l'homme connaisse: les morales pythagoricienne, stoïcienne, bouddhique, brahmanique, taoïque, sous leurs formes les plus hautes, et la morale chrétienne au sens véritable du mot, celle qui demande le renoncement à toute volonté propre et à tout bien, non seulement au bien personnel mais encore à celui de la famille, de la société, de l'Etat et cela au nom de l'accomplissement de la volonté de Celui qui nous a fait vivre, de cette volonté dont nous avons pris conscience lorsqu'elle s'est dévoilée à nous.

C'est d'une de ces trois conceptions que découle la véritable moralité de chaque homme, sa moralité telle qu'elle est réellement, sans égard aux déclarations théoriques et aux professions qu'il peut faire et à l'opinion qu'il veut donner de soi-même.

Ainsi un homme qui s'en tient à la première conception aura beau dire qu'il considère comme moral de vivre pour la famille, la société ou l'Etat, pour l'humanité ou pour accomplir la volonté de Dieu, il pourra dissimuler assez habilement pour tromper son monde, mais le vrai mobile de son activité restera toujours le bien de sa propre personne; en sorte que lorsqu'il y aura nécessité de faire un choix, ce n'est pas sa personne qu'il sacrifiera à la famille, à l'Etat, à l'accomplissement de la volonté divine, mais c'est tout cela qu'il sacrifiera à lui-même, parce que, trouvant le sens de la vie uniquement dans le bien personnel, il ne peut agir autrement, tant qu'il n'aura pas changé de conception au sujet du rapport où il est avec l'univers.

De même celui qui conçoit son rapport avec l'univers comme consistant à servir la famille (ce qui se rencontre surtout chez les femmes) ou à servir la race, le peuple, l'Etat (les hommes politiques pendant la lutte et ceux qui appartiennent à une nationalité opprimée en sont des exemples) aura beau dire qu'il est chrétien, sa morale sera toujours non pas la morale chrétienne, mais une morale spéciale à l'usage de l'Etat, du peuple ou de la famille. Et lorsqu'un choix s'imposera entre le bien de la famille, de la société et le sien propre, ou entre le bien social et l'accomplissement de la volonté de Dieu, il choisira forcément de travailler au bien du groupe d'individus pour lequel, suivant sa conception, il existe, parce que c'est seulement dans ce service rendu qu'il trouve le sens de sa vie. Et de même, on aura beau chercher à persuader un homme qui considère que son rapport avec l'univers consiste à accomplir la volonté de Celui qui l'a envoyé, de l'obligation où il est, pour se conformer soit à des exigences personnelles ou de famille, soit à ce que demande le bien du peuple ou de l'Etat, d'aller à l'encontre de cette volonté suprême dont il est conscient grâce à la faculté de comprendre et d'aimer inhérente à sa nature, — cet homme sacrifiera toujours et sa propre personne, et la famille, et la patrie, et l'humanité s'il le faut, pour ne pas s'écarter de la volonté de Celui qui l'a envoyé. Car c'est seulement dans l'accomplissement de cette volonté qu'il trouve le sens de sa vie.

La morale ne peut être indépendante de la religion puisque non seulement elle est une conséquence de la religion (c'est-à-dire du rapport dans lequel l'homme reconnaît être avec l'univers), mais qu'elle se trouve d'ores et déjà *impliquée* (1) dans la religion. Toute religion est une réponse à la question : Quel est le sens de ma vie ? Et la réponse religieuse implique toujours une certaine somme d'exigences morales qui peuvent parfois naître seulement après que le sens de la vie est devenu apparent et qui peuvent parfois exister antérieurement.

A la question : « *Quel est le sens de la vie* », on peut répondre : c'est le bien personnel ; use donc de tous les biens auxquels tu peux prétendre. Ou bien : c'est le bien d'une certaine communauté ; sers donc cette communauté de toutes tes forces. Ou bien encore : c'est l'accomplissement de la volonté de Celui qui t'a envoyé ; applique donc toutes tes forces à connaître cette volonté et à l'exécuter.

A cette même question, on peut aussi répondre : le sens de ta vie, c'est de te satisfaire par la jouis-

(1) Ce mot est en français dans le texte. (*Trad.*).

sance puisque jouir est la vraie destination de l'homme. Ou bien : c'est de servir cette communauté dont tu te considères comme membre, puisque c'est là ta destination. Ou enfin : le sens de ta vie, c'est de servir Dieu, puisque c'est là ta destination.

La morale est comprise dans l'explication que la religion donne de la vie et par conséquent ne peut absolument pas être séparée de la religion. Cette vérité ressort avec une évidence particulière des tentatives faites par des philosophes non chrétiens pour tirer de leur philosophie une doctrine morale supérieure. Ces philosophes voient que la morale chrétienne est indispensable, qu'on ne saurait vivre sans elle ; bien plus, ils voient qu'elle subsiste, et ils voudraient trouver le moyen de la relier à leur philosophie exclusive du christianisme : ils voudraient même présenter la chose de telle façon que l'on puisse croire que la morale chrétienne sort naturellement de leur philosophie païenne et mondaine. C'est ce qu'ils essaient de faire ; mais ces tentatives démontrent plus clairement que n'importe quoi, non pas seulement l'état d'indépendance, mais aussi l'état de complète contradiction où sont, l'une à l'égard de l'autre, la morale chrétienne et la philosophie mondaine du bien personnel ou de la délivrance de la souffrance personnelle. L'éthique chrétienne, celle qui découle de la conception religieuse que nous avons du monde, exige non seulement le sacrifice de l'individu à un groupe d'individus, mais même la renonciation à toute individualité ou groupe d'individualités, pour le service de Dieu ; tandis que la philosophie païenne poursuit les moyens d'acquisition du maximum de bien au profit de l'individu ou d'un ensemble d'individus : par conséquent la contradiction est inévitable. Pour la dissimuler il n'est qu'un moyen : échafauder suppositions sur abstractions et ne pas sortir du domaine nuageux de la métaphysique. Depuis la Renaissance, c'est la manière de procéder préférée des philosophes. C'est à ce fait particulier, c'est-à-dire à l'impossibilité de concilier la philosophie fondée sur des bases païennes avec les exigences de la morale chrétienne, dont l'existence antérieure est reconnue, qu'il faut aussi attribuer l'abstraction affreuse, l'obscurité, l'inintelligibilité et la méconnaissance de la vie, caractéristiques de la nouvelle philosophie. A l'exception de Spinoza dont la philosophie, bien qu'on ne le compte pas au nombre des chrétiens, part de principes véritablement chrétiens, à l'exception de Kant, ce génie, qui a construit son éthique sans la faire dépendre de sa métaphysique, tous les autres philosophes, voire même le brillant Schopenhauer, ont évidemment cherché à établir un lien artificiel entre leur éthique et leur métaphysique.

On sent que l'éthique chrétienne est quelque chose

d'antérieur, quelque chose de parfaitement solide et d'indépendant qui est debout à côté de la philosophie, qui n'a pas besoin des appuis fictifs dont on étaie celle-ci. Et on sent que la philosophie imagine pour la circonstance des thèses qui, soi-disant, lui épargneraient toute contradiction avec l'éthique, les lieraient mutuellement, et donneraient à l'éthique l'apparence d'être issue de la philosophie. Mais toutes ces thèses de circonstance semblent justifier l'éthique chrétienne seulement tant qu'on les examine d'une façon abstraite. Sitôt qu'on en fait l'application aux questions de vie pratique, ce n'est pas seulement un désaccord, c'est une contradiction flagrante qui apparaît dans toute son intensité, entre les fondements philosophiques et ce que nous tenons pour la morale.

Le malheureux Nietzsche nous fournit un exemple particulièrement précieux de cette contradiction. Il est irréfutable, quand il dit que toutes les règles de la morale, considérées au point de vue de la philosophie non chrétienne de ce temps-ci, ne sont que mensonge et hypocrisie et qu'il est beaucoup plus avantageux, plus agréable et plus intelligent pour un homme de fonder une société d'« *Uebermenschen* », d'être l'un d'entre eux, que d'appartenir à la foule qui doit leur servir de marchepied.

Aucune des théories philosophiques dont les matériaux sont empruntés à une conception religieuse et païenne à la fois ne peut prouver à l'homme qu'il est plus raisonnable, plus avantageux pour lui de vivre non pas en vue de son bien personnel ou dans l'intérêt de celui de sa famille, de sa société, ce qui est à ses efforts un but désirable, concevable et possible, mais pour le bien d'autrui, c'est-à-dire pour un but qui n'éveille pas son désir, qu'il ne comprend pas et qui est hors de portée étant données les misérables ressources dont il dispose. Basée sur une conception de la vie dont le résumé est le bien personnel, la philosophie ne sera jamais en mesure de prouver à un homme intelligent, pour lequel la mort, il le sait, peut venir à chaque instant, qu'il lui est bon, qu'il est de son devoir de renoncer à ce qui est si indubitablement, si évidemment pour son bien, à ce qui est si désirable, et cela non pas même pour le bien d'un homme (car il ne pourra jamais connaître les suites de son sacrifice), mais parce que tel est le devoir, parce qu'il est bon qu'il en soit ainsi, parce que l'impératif catégorique l'exige.

Du point de vue de la philosophie païenne, c'est là quelque chose d'impossible à prouver. Pour prouver que tous les hommes sont égaux, qu'il vaut mieux consacrer sa vie au service du prochain que de se faire servir par lui sans égard aux vies que l'on foulera aux pieds, — il faut donner du rapport de l'homme et de l'univers une définition autre que celle de la philosophie païenne : il faut comprendre que la position de l'homme est telle qu'il n'a pas autre chose à faire, car la raison d'être de sa vie, c'est l'accomplissement de la volonté de Celui qui l'a envoyé. Or cette volonté consiste en ce que l'homme doit consacrer sa vie au service des hommes. La religion peut seule opérer cette transformation de la conception que l'homme se fait du rapport où il est vis-à-vis de l'univers.

Il n'en va pas autrement des essais de ramener la morale chrétienne aux thèses fondamentales de la science païenne et des tentatives pour l'en faire sortir. Aucun sophisme, aucune subtilité de pensée ne prévaudront contre le fait, si simple et si clair, que voici : la théorie de l'évolution, base de toute la science contemporaine, est fondée sur une loi générale, éternelle, immuable, la loi de la lutte pour l'existence et de la survivance des plus aptes ; et, par conséquent, chaque homme doit dans son intérêt propre, ou dans celui de la société dont il est membre, être l'un de ces plus aptes et faire d'eux sa société, afin que ce ne soit ni lui ni son groupe qui périssent, mais d'autres moins aptes à la lutte.

Effrayés par les conséquences logiques de cette loi et par son application à la vie, certains naturalistes cherchent à donner le change par un flot de paroles : tous leurs efforts montrent avec une évidence plus grande encore l'irréfutabilité de cette loi qui régit le monde organique et par conséquent l'homme considéré comme un animal.

Précisément au moment où j'étais en train d'écrire ces lignes, il a paru une traduction russe d'un article de M. Huxley qui est la reproduction d'un discours sur l'*Evolution et l'Ethique* prononcé dans je ne sais plus trop quelle société anglaise.

Comme l'ont fait ses prédécesseurs qui, il y a quelques années, ont écrit sur le même sujet avec un égal insuccès, (notre célèbre Beketov par exemple et bien d'autres), le savant professeur s'efforce dans cet article de prouver que la lutte pour l'existence ne viole pas la morale et que, tout en acceptant cette loi comme loi fondamentale de la vie, la morale peut subsister et même aller en se perfectionnant. L'article de M. Huxley est émaillé de plaisanteries, de citations, de vers et de considérations générales sur la religion et la philosophie des anciens. Aussi est-il si entortillé et si embrouillé que c'est avec la plus grande peine que j'ai pu en dégager la pensée fondamentale. Cette pensée est la suivante : la loi de l'évolution est contraire à la morale ; la Grèce, comme l'Inde, le savait. Et la philosophie des Grecs, comme celle des Hindous, les amenait à la doctrine du renoncement à soi-même. Cette doctrine n'est pas la vraie.

Mais voici quelle serait la vraie doctrine d'après l'auteur de l'article :

Il existe une loi, nommée par Huxley loi *cosmique*, qui veut que tous les êtres soient en lutte les uns avec les autres et que les plus aptes seuls (*the fittest*) survivent. L'homme lui-même est soumis à cette loi grâce à laquelle seulement il est devenu ce qu'il est. Mais cette loi va directement contre la morale. Comment donc les réconcilier ? Voici : le progrès social est là qui s'efforce d'enrayer l'action de la loi *cosmique* et de lui substituer celle de la loi *éthique* qui tend non pas à la survivance du plus apte (*the fittest*), mais à la survivance du meilleur (*the best*) au sens éthique du mot. D'où provient ce processus éthique ? C'est ce que M. Huxley n'explique pas, bien que dans sa note 19 il lui assigne pour base ce fait que les hommes aiment, comme les animaux, à vivre en société et répriment les mouvements de leur nature nuisibles à la société, tandis que les membres de celle-ci, de leur côté, répriment par la force les actes contraires au bien de la société. Ce processus qui amène les hommes à réfréner leurs passions dans un intérêt de conservation de l'association à laquelle ils appartiennent, cette peur d'être punis pour infraction à ses règles, semblent à M. Huxley constituer la loi éthique elle-même dont il lui faut démontrer l'existence.

Avec beaucoup d'ingénuité, M. Huxley pense évidemment que — malgré tout ce que comporte la société anglaise d'aujourd'hui, malgré l'Irlande, la misère du peuple et le luxe insensé des riches, malgré le commerce de l'opium et celui de l'eau-de-vie, malgré les exécutions, malgré le massacre et la disparition de peuples entiers dans l'intérêt de la politique et du commerce, malgré la débauche et l'hypocrisie qui la couvre — un anglais qui n'enfreint pas les prescriptions de police est un homme moral et que la loi éthique le dirige. M. Huxley oublie que les qualités sociales nécessaires pour qu'une société ne se désagrège pas, peuvent être très utiles à cette société, mais de la façon dont le sont les qualités propres aux membres d'une bande de brigands pour leur bande, ou, allant plus loin, de la façon dont, dans notre société, les bourreaux, les geôliers, les juges, les soldats, les imposteurs ecclésiastiques et d'autres encore ont leur utilité. Et il oublie que ces qualités-là n'ont rien de commun avec la morale.

La morale se comporte comme un végétal qui se développe et croît d'une façon constante. Aussi ne pas enfreindre les règles d'un certain ordre social, en assurer le maintien par la potence ou la hache (dont M. Huxley parle comme d'armes morales), ce n'est point seulement ne pas affermir la morale, c'est la violer. A l'inverse, on ne pourra pas dire de toutes les infractions à l'ordre de choses établi — et il ne s'agit pas seulement de celles que le Christ et ses disciples ont commises contre l'ordre suivi dans les provinces romaines, mais des infractions à l'ordre établi actuel, commises par celui qui refuse de concourir à l'œuvre de la justice, au service militaire, au paiement de l'impôt, qui sert à préparer la guerre — on n'en pourra pas dire qu'elles sont contraires à la morale, car elles constituent la condition *sine qua non* de sa manifestation.

Le cannibale qui cesse de manger son semblable viole par cela même l'ordre établi dans la société dont il est membre. En sorte que si, d'une part, des actes qui violent l'ordre social établi peuvent être immoraux, il n'en est pas moins hors de doute, d'autre part, que tout acte véritablement moral, tout acte qui fait faire à la morale un pas en avant, consiste toujours en une transgression de l'ordre social. Et, par conséquent, si nous supposions la promulgation, au sein d'une société, d'une loi en vertu de laquelle chacun devrait sacrifier ses propres intérêts au maintien de la société dans son intégrité, cette loi ne serait pas une loi conforme à l'éthique, mais bien plutôt une loi contraire à toute éthique : cette même loi de la lutte pour l'existence, dissimulée, à l'état latent. C'est toujours la même lutte, mais avec d'autres combattants : aux unités qui combattaient ensemble ont succédé des groupes d'unités. Ce n'est point une lutte qui cesse, mais le bras prend son élan pour que le coup porté soit plus fort.

Si la loi de la lutte pour l'existence et de la survivance des plus aptes (*the fittest*) est la loi éternelle de tout ce qui vit — et elle l'est de toute nécessité pour l'homme en tant qu'animal — des considérations embrouillées sur le progrès social, source prétendue d'une loi éthique qui, véritable *deus ex machina*, surgit on ne sait d'où quand le besoin s'en fait sentir, ne peuvent y contrevenir.

Si le progrès social, comme l'affirme M. Huxley, groupe les hommes, c'est entre les familles, les races, les Etats que se manifestera ce même principe de survivance et de lutte. Cette lutte n'en sera pas plus morale : elle sera même plus dure et plus immorale que la lutte entre les personnes. C'est bien ce que nous voyons dans la réalité.

Admettons même une chose impossible : dans quelque mille ans l'humanité dans son ensemble, par le seul effet du progrès social, ne formerait plus qu'un grand tout, un seul peuple, un seul Etat. Eh bien ! dans ce cas-là — sans même parler de la lutte qui, anéantie entre les Etats et les peuples, ne subsistant plus qu'entre l'humanité et le règne animal, n'en demeurerait pas moins pour cela une lutte, c'est-à-dire un acte radicalement incompatible avec la morale chrétienne — dans ce cas-là, dis-je, la lutte, sous une forme différente il est vrai, continuerait, nullement diminuée, entre les individus au sein de leur groupe, et entre les individus groupés en familles, en races, en nationalités. C'est ce que nous voyons dans tous les cas où les unités sont groupées en familles, en races, en Etats. Luttes et querelles existent au sein de la famille comme avec les étrangers : elles n'en sont souvent que plus fréquentes et plus cruelles.

Il en va de même au sein de l'Etat : les formes de la lutte sont modifiées, mais la lutte qui se poursuit dans son sein est bien la même qu'entre ceux qui vivent hors de l'Etat. Ici on tue avec des flèches et des couteaux, là par la famine. Que si, au sein de la famille, dans l'Etat, les faibles sont parfois sauvés, ce n'est point par un effet du groupement en famille ou en Etat, mais parce qu'il y a chez certains hommes de l'amour et du renoncement. Et si, alors qu'en dehors de la famille de deux enfants le *fittest* seul survit, au sein de la famille, quand la mère est bonne, les deux restent en vie, ce n'est point là un effet du groupement en famille, mais cela vient de ce qu'il y a chez la mère de l'amour et du renoncement. Ni l'amour, ni le renoncement ne sauraient être un résultat du progrès social.

Affirmer que le progrès social est une cause de moralité, cela revient à affirmer que construire des poêles, c'est produire de la chaleur. La chaleur vient du soleil et les poêles n'en produisent que lorsqu'on y a mis du bois, c'est-à-dire un produit du soleil. De même la morale vient de la religion. Les institutions sociales sont susceptibles d'avoir une action morale seulement lorsqu'on y a fait entrer les résultats de l'action religieuse sur l'humanité, c'est-à-dire le principe moral.

On peut chauffer le poêle, et il donnera de la chaleur, ou le laisser sans combustible, et il restera froid. Il en est de même des institutions sociales qui peuvent comporter des principes moraux et alors agir moralement sur la société, ou n'en point comporter et demeurer dans ce cas sans aucune action morale sur elle.

La morale chrétienne ne peut être basée sur une conception païenne ou sociale de la vie. Elle ne peut être déduite ni de la philosophie, ni de la science non chrétienne. Elle ne peut même être conciliée avec elle. C'est ce qu'ont toujours compris la science et la philosophie lorsqu'elles ont été sérieuses, conséquentes et dignes : « Nos thèses ne s'accordent pas avec la morale, tant pis pour elle ! » En s'exprimant ainsi et en poursuivant leurs recherches, la science et la philosophie sont parfaitement justifiées.

On écrit, on propage des traités d'éthique sans base religieuse, voire même des catéchismes laïques, et ou peut croire que l'humanité se laisse guider par eux. Ce n'est là qu'une apparence : en réalité les hommes ne se laissent pas guider par ces manuels, mais par la religion qu'ils ont eue et qu'ils conservent toujours. Traités et catéchismes, en effet, ne font que reproduire, en les contrefaisant, des enseignements qui découlent naturellement de la religion. Ces prescriptions de la morale laïque sans la base de la morale religieuse me font penser à un homme qui, ignorant la musique, prendrait la place du chef d'orchestre et se mettrait à gesticuler devant les musiciens en train d'exécuter une tâche qui leur est familière. Grâce à la force acquise, grâce aussi aux notions inculquées aux musiciens par le chef d'orchestre précédent, le morceau, il est vrai, continuerait un peu de temps encore. Mais évidemment le mouvement d'un petit bâton aux mains d'un profane en musique ne saurait être qu'inutile, et finirait même certainement par embrouiller les musiciens et désorganiser l'orchestre.

La même confusion commence à se produire aussi dans les esprits de nos contemporains. C'est la conséquence des tentatives qu'ils subissent de la part de leurs directeurs intellectuels soucieux d'enseigner aux hommes une morale non fondée sur la religion supérieure qui commence à être adoptée — elle l'est déjà en partie — par l'humanité chrétienne.

Il serait certainement désirable d'avoir une doctrine morale pure de toute superstition. Mais le fait est que la morale n'est que la conséquence d'un certain rapport établi entre l'homme et l'univers, ou entre l'homme et Dieu. Si donc la manière dont ce rapport est établi s'exprime en des formes qui nous paraissent superstitieuses, il faut pour couper court à cet état de choses s'efforcer de donner à ce rapport une expression plus raisonnable, plus claire et plus exacte; ou même, le rapport antérieur devenu insuffisant une fois détruit, il faut le remplacer par un autre, plus élevé, plus clair, plus raisonnable. Mais ce qu'il ne faut faire en aucune façon, c'est inventer une morale dite laïque, irréligieuse, fondée sur des sophismes ou même sans fondement quelconque.

Tenter de fonder une morale à côté de la religion, c'est procéder comme les enfants : désireux de transplanter une plante qui leur plait, ils en arrachent la racine inutile et déplaisante à leurs yeux, puis mettent la plante en terre, sans racine.

Sans base religieuse, il n'y a pas de morale véritable et sincère, absolument comme sans racine, il ne peut y avoir de vraie plante.

Je donne donc à vos deux questions les réponses suivantes :

La religion est un certain rapport établi par l'homme entre sa propre personne finie et l'univers infini ou le principe de cet univers infini.

La morale est la règle constante, applicable à la vie, qui découle de ce rapport.

28 octobre 1893, Iasnaia Poliana.

Paris. — Typ. A. DAVY, 52, rue Madame. — Téléphone.

www.ingramcontent.com/pod-product-compliance
Ingram Content Group UK Ltd.
Pitfield, Milton Keynes, MK11 3LW, UK
UKHW032002260826
14628UKWH00005B/2234

9 782019 702533